महिला शोषण का अंत

एक रहस्य

Suman Maurya

SPI PUBLICATIONS

Published by **SPI Publications**, www.spipublications.in

ISBN-13: 978-93-49860-59-9
ISBN-10: 93-49860-59-9

First Edition 2025

SPI Publications

Corporate & Editorial Office

117/2, Sector 37, Khandsa Road,
Gurgaon, Haryana 122 001
Phone: +91 98355 52940
Email: contact@spipublications.in
Website: www.spipublications.in

Processed and Printed in India

Table of content

अध्याय 4: विदाई ही क्यों?

- परंपरा या सामाजिक मजबूरी?
- बेटा क्यों नहीं जाता?
- सुरक्षा की दृष्टि से असुरक्षित लड़की की विदाई कैसी सुरक्षित?

भाग 3: दहेज, जिम्मेदारियाँ और असमानता

अध्याय 5: दहेज - बेटी की कीमत नहीं, पिता की सज़ा

- पिता की पूरी उम्र बचत और सामाजिक दबाव
- हर अवसर पर "देना" - शादी से पहले और बाद
- बेटियों की शिक्षा भी शादी की तैयारी बन गई

अध्याय 6: बहू से हर जिम्मेदारी की अपेक्षा

- बेटा कमाने की मशीन, बहू काम की मशीन
- अगर बहू कमाए भी, फिर भी घर की सारी जिम्मेदारी उसी की क्यों?

भाग 4: परिवार व्यवस्था की सच्चाई

अध्याय 7: बेटा-बेटी दोनों पर खर्च, सेवा कोई नहीं करता

- बुढ़ापे में न बेटा साथ होता, न बेटी
- भावनात्मक रिश्तों के बदले "उम्मीदें"
- बच्चों की परवरिश में निवेश बनाम रिटर्न

अध्याय 8: संतान की सही परिभाषा

- सेवा, साथ और संवेदनशीलता
- जिम्मेदारी और उत्तराधिकारी में फर्क
- भावनात्मक संतुलन बनाना क्यों ज़रूरी है?

भाग 5: समाधान - जब विदाई होगी समाप्त

अध्याय 9: अगर बेटियों की विदाई बंद हो जाए

- दहेज बंद
- बेटियों की सुरक्षा, सम्मान और आत्मबल
- घर में ही उनकी शिक्षा, कमाई और सेवा का लाभ

अध्याय 10: नया परिवार मॉडल

- बेटा या बेटी - दोनों रह सकते हैं माता-पिता के साथ

- दामाद और बहू की भूमिका का पुनर्निर्माण
- बिना बंधन वाली जिम्मेदारी: सच्चा परिवार

भाग 6: नया युग - सशक्त समाज की ओर

अध्याय 11: महिला शोषण का अंत कैसे संभव है?

- बेटियों की विदाई रोकी जाए
- जिम्मेदारी आधारित उत्तराधिकार
- "Do your part" - बेटा हो या बेटी, बराबर जिम्मेदार

अध्याय 12: समाज, सरकार और शिक्षा की भूमिका

- स्कूलों में लैंगिक समानता की शिक्षा
- विवाह प्रणाली में वैकल्पिक सोच
- मीडिया, सिनेमा और नीतियों की ज़िम्मेदारी

अंतिम संदेश:

"बेटी को समझिए, बेटी को अपनाइए - विदाई नहीं, साथ दीजिए।"

"महिला शोषण का अंत वहीं से शुरू होता है जहां से विदाई रुकती है।"

भूमिका

लेखिका: सुमन मौर्य

(गृहिणी और शिक्षिका, जीवन अनुभव पर आधारित)

मैं कोई बड़ी लेखिका नहीं हूँ, न ही कोई समाजशास्त्री या राजनेता। मैं एक साधारण सी स्त्री हूँ–एक गृहिणी, एक शिक्षिका, और सबसे पहले एक बेटी, बहू और माँ। मैंने इस समाज को नज़दीक से देखा है, महसूस किया है, और कई बार चुपचाप सहा भी है।

यह किताब मेरे जीवन के अनुभवों की संचित सच्चाई है।

हमारा समाज माँ दुर्गा, लक्ष्मी और सरस्वती की पूजा करता है, लेकिन जब वही देवी एक बच्ची के रूप में किसी घर में जन्म लेती है, तो उसे "बोझ" समझा जाता है। मैंने खुद देखा है कि कैसे एक बेटी की मुस्कान को शादी के नाम पर छीन लिया जाता है–कैसे उसे हर वह चीज़ छोड़नी पड़ती है जो उसकी अपनी थी: उसका घर, उसकी माँ, उसका कमरा, उसकी पहचान... और यहाँ तक कि उसके पसंद के कपड़े भी।

मुझे यह बात चुभती थी, और धीरे-धीरे एक सवाल बनकर मेरे अंदर घर कर गई–"क्यों?"

क्यों हर बार बेटी ही घर छोड़ती है?
क्यों दहेज सिर्फ बेटी के पिताजी का दायित्व है?
क्यों बहू से सारी जिम्मेदारियाँ निभाने की उम्मीद की जाती है, चाहे वह कामकाजी हो या गृहिणी?

एक माँ के रूप में मैंने ये सब फिर से अपनी बेटी के लिए महसूस किया। और तब मैंने ठान लिया कि मैं सिर्फ सोचकर नहीं रहूँगी, कुछ कहूँगी भी।

इस पुस्तक में मैंने एक ऐसा समाधान प्रस्तुत किया है जो मुझे लगता है कि महिला शोषण का जड़ से अंत कर सकता है–और वह है: "बेटी की विदाई बंद होनी चाहिए।"

ये विचार परंपराओं से टकराते हैं, पर बदलाव हमेशा टकराहट से ही शुरू होते हैं।
यह किताब मेरी तरफ से हर उस बेटी, माँ, बहू और महिला को समर्पित है जिसने बिना आवाज़ उठाए भी अपने हिस्से का संघर्ष किया है।

आइए, इस बदलाव की शुरुआत एक सोच से करें।

क्योंकि महिला सशक्तिकरण का असली रहस्य अब उजागर होना चाहिए।

— सुमन मौर्य

(गृहिणी व शिक्षिका)

आभार

जब मेरी ज़िंदगी में दो प्यारी बेटियाँ आईं, तो मेरे लिए वह मेरे जीवन की सबसे सुंदर उपलब्धि थी। लेकिन समाज ने उस खूबसूरती को एक "अधूरी" बात बना दिया।

परिवार और रिश्तेदारों तक ने यह कहने में देर नहीं लगाई कि अब "कोशिश करो, एक बेटा हो जाए।"

यहीं से मेरी आंखें खुलीं।

मुझे लगा–क्या मैं बस एक बेटे की जननी बन पाने की मशीन हूं? क्या मेरी दो बेटियाँ काफी नहीं? क्या मेरी भूमिका, मेरी मेहनत, मेरा त्याग–सबकुछ एक बेटे की गिनती में खत्म हो जाता है?

मैंने देखा, समझा, और महसूस किया कि इस सोच ने ही सदियों से महिलाओं को कमज़ोर बना रखा है।

लेकिन सबसे ज़्यादा चुभने वाली बात यह थी कि ये बातें मेरे अपने ही कह रहे थे–वो जो मेरे सबसे क़रीबी थे।

तभी मैंने खुद को गहराई से देखना शुरू किया।

मैंने जाना कि एक गृहिणी होकर भी मैं पूरे घर की रीढ़ हूं, एक माँ होकर भी मैं हर रिश्ते को जीवित रखती हूं, और एक महिला होकर भी हर परिस्थिति में डटकर खड़ी रहती हूं।

तभी मैंने महसूस किया कि महिला शोषण का सबसे बड़ा कारण यही है - बेटी को पराया समझकर विदा कर देना।

इस किताब के ज़रिए मैं उस समाधान को आप सभी से साझा कर रही हूं जो मुझे मेरे जीवन के सबसे कठिन समय ने सिखाया–**बेटियों की विदाई बंद होनी चाहिए।**

मैं धन्यवाद देना चाहती हूं:

- अपनी दोनों बेटियों को, जिन्होंने मुझे शक्ति का असली अर्थ सिखाया।

- अपने परिवार और रिश्तेदारों को, जिनके दबाव ने मुझे अपने अंदर झाँकने और उठ खड़े होने की ताक़त दी।

- उन सभी स्त्रियों को, जो चुप रहकर भी रोज़ अपनी दुनिया चलाती हैं।
- और इस समाज को, जिसने मेरे भीतर की लेखिका को जन्म दिया।

अब मुझे गर्व है कि मैं अपनी आवाज़ को शब्दों में बदलकर, इस किताब के ज़रिए, **आप सबके साथ यह सच्चाई और समाधान साझा कर पा रही हूं।**

धन्यवाद।

– सुमन मौर्य

(गृहिणी और शिक्षिका)

अध्याय 1: देवी बनाकर पूजना, बेटी को बोझ समझना

हमारे देश में शक्ति की पूजा होती है। नवरात्रों में कन्याओं के चरण धोकर उन्हें देवी माना जाता है। दुर्गा को युद्ध की, लक्ष्मी को धन की, और सरस्वती को विद्या की देवी माना गया है। हर घर में उनकी मूर्तियाँ सजी होती हैं, पूजा की थाल सजती है, मंत्रोच्चारण होता है - **पर जब वही शक्ति एक बेटी के रूप में जन्म लेती है, तो घर का माहौल अचानक चुप और चिंतित हो जाता है।**

लोग कहते हैं, *"कोई बात नहीं, अगली बार बेटा हो जाएगा।"*
माँ बाप एक-दूसरे की आँखों में वो अधूरी सी मुस्कान छिपाने लगते हैं।
रिश्तेदार धीरे से ताना मारते हैं - *"तीसरी बार ज़रूर लड़का होगा, भगवान पर भरोसा रखो।"*

क्यों? क्या बेटी होना अभिशाप है?

सच्चाई ये है कि जिस समाज ने नारी को देवी का रूप बताया, उसी समाज ने उसे पराया, कमज़ोर और बोझ भी बना दिया।

कन्या पूजन बनाम कन्या जीवन

नवरात्र में घर-घर कन्याओं को बुलाया जाता है। उन्हें अच्छे कपड़े पहनाकर, भोजन कराकर, पाँव छूकर 'माँ दुर्गा' का रूप माना जाता है।
पर वही बच्ची अगर घर में पैदा हो, तो लोग क्या कहते हैं?

- *"अब तो दो-दो हो गईं, बेटा कब करोगे?"*
- *"बेटियों का क्या है, कल को चली जाएंगी। बेटा ही काम आएगा।"*
- *"बेटी वालों की तो पूरी ज़िंदगी सिर झुकाकर ही गुजरती है।"*

क्या यही वो समाज है जो **'यत्र नार्यस्तु पूज्यंते'** की बात करता है?
कहाँ गई वो पूजा? कहाँ गया वो आदर?

दूसरा चेहरा - जब मैंने बेटियाँ पाई

जब मेरी दो बेटियाँ हुईं, मैंने उनकी आँखों में वही चमक देखी जो किसी भी संतान में होती है। मुझे लगा मैं सौभाग्यशाली हूं।

पर जैसे-जैसे लोगों की बातें सुनती गई, मेरी खुशी पर प्रश्नचिह्न लगते गए।

- रिश्तेदारों का कहना - *"अब तीसरी बार ट्राय करो।"*
- मोहल्ले वालों की फुसफुसाहट - *"बेचारा पति, बेटा तो होना चाहिए था।"*
- और खुद परिवार का भी चुपचाप दबाव - *"बेटा हो जाता तो अच्छा होता।"*

यही वो मोड़ था जब मैंने तय किया कि अब चुप नहीं रहूंगी।

मैंने महसूस किया कि बेटी को समाज तभी तक देवी मानता है, जब तक वो सिर्फ थाली में सजी हो। जैसे ही वो हक माँगती है, पढ़ाई करना चाहती है, शादी में दहेज नहीं देना चाहती, या विदाई से इनकार करती है - **वो देवी नहीं, ज़िम्मेदारी बन जाती है।**

नारी की सच्ची पूजा - बराबरी का व्यवहार

अगर सच में हमें नारी की पूजा करनी है, तो हमें यह दिखावे से नहीं, व्यवहार से शुरू करना होगा:

- बेटी को बराबरी का हक देना होगा
- उसे पराया नहीं, परिवार समझना होगा
- उसकी विदाई को संस्कार नहीं, सामाजिक अन्याय मानना होगा
- दहेज को खत्म करना होगा - बेटी के पिता को "देनहार" नहीं, **सम्माननीय संरक्षक** मानना होगा

अंत की नहीं, शुरुआत की बात है ये

यह अध्याय सिर्फ एक सवाल नहीं, एक चेतावनी है -

जब तक बेटी को जन्म के दिन बोझ समझा जाएगा,

जब तक उसकी विदाई को उसकी नियति माना जाएगा,

तब तक महिला शोषण का अंत नहीं होगा।

यह अध्याय एक माँ की, एक शिक्षिका की, और सबसे पहले एक स्त्री की आवाज़ है -

जो कहती है:

"अब बहुत हुआ।

अब बेटी को देवी की तरह पूजना नहीं,

इंसान की तरह जीने देना होगा।"

अध्याय 2: विदाई - एक गहरी जड़ वाली समस्या

लड़की की शादी का मतलब आज भी सिर्फ एक चीज़ माना जाता है - **उसकी विदाई।**
बचपन से ही उसे समझाया जाता है कि *"तू पराई अमानत है",*
"तेरा असली घर तो ससुराल है",
"मायके में ज़्यादा दिन नहीं रहना चाहिए"।

पर क्या किसी ने कभी पूछा–क्यों?
क्यों हर बार **लड़की** ही घर छोड़ती है?

क्यों उसे अपनी पहचान, अपनी मर्जी, अपनी आज़ादी और अपने सपने ससुराल की दीवारों में कैद करने पड़ते हैं?
और क्यों शादी के बाद उसकी खुशियाँ, उसकी सहेलियाँ, उसका कमरा, उसकी ज़िंदगी - **सब उससे छीन लिया जाता है?**

विदाई - एक सामाजिक संन्यास

लड़की की विदाई देखकर लगता है जैसे वो **सिर्फ शादी नहीं कर रही, कोई संन्यास ले रही है।**

- उसे ख़ास कपड़ों में लपेट दिया जाता है
- सबको छोड़कर जाने को मजबूर किया जाता है
- रोते हुए माँ-बाप का घर हमेशा के लिए छोड़ना पड़ता है
- और उससे उम्मीद की जाती है कि वो खुशी-खुशी इस त्याग को "संस्कार" माने

क्या शादी इतना त्याग माँगती है?
क्या कोई लड़का यह सब करता है? क्या कभी बेटे की विदाई हुई?

नहीं।

क्योंकि समाज ने तय कर लिया है कि **त्याग सिर्फ लड़की का धर्म है।**

विदाई से जन्मता है शोषण

विदाई ही वह पहला कदम है जिससे महिला शोषण शुरू होता है:

- **दहेज का बोझ** - क्योंकि लड़की "जा" रही है, तो साथ में "देना" भी ज़रूरी समझा जाता है
- **आज़ादी का खो जाना** - क्योंकि अब वह ससुराल की मर्यादा में बंध चुकी है
- **सपनों की कुर्बानी** - नौकरी, पढ़ाई या करियर पर अब उसकी नहीं, परिवार की मर्जी चलती है
- **भावनात्मक अलगाव** - वो माँ-बाप, जिनके साथ जीवन बिताया, अब "पराए" कहे जाते हैं

और अगर लड़की विरोध करे, तो कहा जाता है -
"संस्कार नहीं हैं", "अच्छा संस्कार नहीं मिला", "बहू बनकर आई हो, बेटी बनकर नहीं रह सकती।"

परिवार के भीतर की असमानता

सच तो ये है कि शादी के बाद लड़की को एक नया जीवन नहीं मिलता, बल्कि उसे अपने पुराने जीवन का अंत करना पड़ता है।
वहीं लड़का अपनी ज़िंदगी वैसे ही जीता है–

- न उसे कोई छोड़ना पड़ता है
- न किसी की सुननी होती है

- न नए रिश्ते निभाने की कसमों में बंधना होता है

तो फिर बराबरी कहाँ है?
अगर शादी दो आत्माओं का मिलन है, तो त्याग एकतरफा क्यों है?

विदाई रोकना – पहला कदम बदलाव का

आज अगर हम सच में महिला शोषण को जड़ से खत्म करना चाहते हैं, तो हमें सबसे पहले **विदाई की परंपरा पर सवाल उठाना होगा।**

- बेटी को उसके ही घर में, उसकी पहचान के साथ जीने का हक देना होगा
- शादी को सिर्फ ससुराल नहीं, *दो परिवारों का मिलन* बनाना होगा
- माँ-बाप को यह अधिकार देना होगा कि बेटी को अपने पास रख सकें, जैसे बेटे को रखते हैं

जब विदाई नहीं होगी, तो:

- दहेज नहीं माँगा जाएगा
- बेटी की शिक्षा व करियर पर ध्यान रहेगा
- माँ-बाप का सहारा सिर्फ बेटा नहीं, बेटी भी बन सकेगी
- और बहू को भी इज़्ज़त तब मिलेगी, जब बेटी को इज़्ज़त दी जाएगी

समाज को आईना दिखाने का समय

हमें अब यह सोचना है कि:

- क्या बेटी सिर्फ देने के लिए होती है?
- क्या उसकी कोई अपनी इच्छा नहीं होती?
- क्या उसका हर फैसला सिर्फ शादी और विदाई से जुड़ा होना चाहिए?

आज ये सवाल सिर्फ मेरी बेटियों के लिए नहीं,
हर उस बेटी के लिए हैं जो जन्म लेते ही पराई बना दी जाती है।

अब बदलाव ज़रूरी है।
बेटी की विदाई नहीं - बेटी का अधिकार ज़रूरी है।
यही पहला और सबसे बड़ा कदम होगा महिला शोषण के अंत की दिशा में।

:

अध्याय 3: दहेज - पिता की सज़ा, बेटी की कीमत

जब एक लड़की का जन्म होता है, तो लोग सबसे पहले यह नहीं पूछते कि बच्ची और माँ कैसी हैं,
बल्कि धीरे से कह देते हैं:
"अब से दहेज जोड़ना शुरू कर दो।"

यानी बेटी का जन्म नहीं हुआ, किसी की "जिम्मेदारी" आ गई।

दहेज सिर्फ एक रकम नहीं है।
यह उस पिता की उम्र भर की कमाई है, जो सिर्फ इसलिए सज़ा भुगत रहा है क्योंकि उसने बेटी पैदा की।
और यह उस बेटी की "कीमत" भी है, जिसे समाज बिना कहे तौलता रहता है।

दहेज: रिश्ते की कीमत या इंसान की नीलामी?

जब रिश्ता तय होता है, तो लड़के वालों के दिमाग में साफ़ गणित होता है:

- लड़का सरकारी नौकरी में है - कम से कम 50 लाख
- लड़का प्राइवेट जॉब में है - 25 लाख
- NRI है - 1 करोड़ से ऊपर

और फिर बातचीत होती है -
"कुछ दहेज में क्या देंगे?"
"गाड़ी लेंगे या नकद देंगे?"
"आपको हमारी बेटी पसंद आई या हमारी जमा पूंजी?"

दहेज दरअसल एक खुलेआम व्यापार है,
जहां लड़की के संस्कार, शिक्षा, चरित्र, और भावनाएँ–**सब बेकार हो जाते हैं**,
अगर पिता जेब से "कमज़ोर" हो।

पिता का संघर्ष: बेटी के नाम पर बोझ

एक पिता जो दिन-रात मेहनत करता है,
अपने सपनों से पहले बेटी की फीस भरता है,
उसके खेलने के समय में नौकरी करता है,
उसकी मुस्कान के लिए अपनी ज़रूरतें भूल जाता है...

वही पिता बेटी की शादी आते-आते समाज के आगे **झुकने को मजबूर हो जाता है।**

- कर्ज़ लेता है
- ज़मीन गिरवी रखता है
- गहने बेच देता है
- सिर्फ इसलिए ताकि "लोग क्या कहेंगे" से बच सके

क्या यह शोषण नहीं है?
क्या यह पुरुष पीड़ा नहीं है, जो बेटी के माध्यम से जन्म लेती है?

बेटी की कीमत? क्या इंसान बिकती है?

जब एक लड़की की शादी दहेज से जुड़ती है, तो एक सवाल और खड़ा होता है:
क्या बेटी की कीमत है?
क्या उसका आत्मसम्मान, उसकी मेहनत, उसकी शिक्षा सिर्फ एक गाड़ी या गहनों से मापी जा सकती है?

और अगर लड़की दहेज कम लेकर जाए, तो:

- उसे ताने मिलते हैं
- उसे अपमानित किया जाता है
- कभी-कभी तो मार दिया जाता है

इससे बड़ा महिला शोषण और क्या होगा?

जब बेटा ही घर न संभाले, तो बहू से उम्मीद क्यों?

अक्सर देखा गया है कि लड़के खुद अपने माँ-बाप की सेवा नहीं करते,
लेकिन जैसे ही शादी होती है,
बहू से पूरी व्यवस्था संभालने की उम्मीद की जाती है।

वो भी उस घर में जहाँ उसने कभी एक दिन नहीं बिताया।

और यदि दहेज भी कम लाया, तो फिर:

- "घर संभाल नहीं रही"
- "कम दहेज वाली है"
- "हमने क्या सोचकर रिश्ता किया था?"

यानी अब वह बहू नहीं रही – वह एक 'बिजनेस डील' बन गई।

समाधान – ना दहेज, ना विदाई

अगर दहेज बंद हो जाए,
तो न पिता झुकेगा,
न बेटी बिकेगी,
न बहू तौली जाएगी।

और अगर बेटी की **विदाई ही बंद हो जाए**,
तो ना कोई देने वाला होगा,
ना कोई लेने वाला।
सब बराबर होंगे।
शादी सिर्फ दो इंसानों का रिश्ता होगी, कोई लेन-देन नहीं।

समाप्ति की ओर नहीं, शुरुआत की ओर

दहेज का अंत सिर्फ कानून से नहीं होगा,
सोच से होगा।
जब हर बेटी को आप "बोझ" नहीं, "गर्व" समझेंगे।
जब हर पिता को "देनहार" नहीं, **सम्मानित संरक्षक** माना जाएगा।
और जब हर लड़की कह सकेगी–

"मैं बिकने नहीं,
बराबरी के हक के साथ
अपने जीवनसाथी से जुड़ने आई हूँ।"

अध्याय 4: बहू नहीं, बहार चाहिए - पर ज़िम्मेदारी सिर्फ उसी की क्यों?

महिलाओं को हमेशा से ही समाज में दबाव महसूस कराया गया है कि उनकी ज़िंदगी का मुख्य उद्देश्य शादी, बच्चों की देखभाल और परिवार की जिम्मेदारियों को निभाना है। इस अध्याय में हम एक गंभीर सवाल उठाने जा रहे हैं - *क्या केवल महिलाओं पर ही यह जिम्मेदारी डाल दी जानी चाहिए कि वे अपने परिवार के हर सदस्य का ध्यान रखें, जबकि पुरुषों से यह अपेक्षाएं कभी नहीं की जातीं?*

आज भी बहुत से घरों में यह परंपरा और मानसिकता देखने को मिलती है कि महिलाओं की प्राथमिकता परिवार की देखभाल होनी चाहिए। बहू को घर के सारे काम करने के लिए कहा जाता है, लेकिन क्या परिवार के बाकी सदस्य अपनी जिम्मेदारियों को समान रूप से निभाते हैं? यही वो सवाल है जो एक कामकाजी महिला और गृहिणी को अंदर से संघर्ष करने पर मजबूर करता है।

1. बहू की भूमिका: परिवार के सुख का प्रतीक या सजा?

"बहू" शब्द ही कई घरों में एक बड़ा दबाव बन चुका है। एक महिला जो घर में नए रिश्ते को स्वीकार करती है, उसे अक्सर "बदलती हुई स्थिति" के रूप में देखा जाता है। उसका हर कदम, हर निर्णय और उसकी प्राथमिकताएं कभी न कभी सवालों के घेरे में आ जाती हैं। घर में बच्चे पैदा करने से लेकर, पति के माता-पिता की देखभाल करने तक, हर कार्य का जिम्मा बहू पर डाला जाता है। जब कोई लड़की शादी के बाद किसी घर में कदम रखती है, तो उसे अपनी पहचान को एक नए रूप में ढालने की प्रक्रिया से गुजरना पड़ता है।

बहू को "घर की लक्ष्मी" कहा जाता है, लेकिन क्या केवल उसे लक्ष्मी माना जाना चाहिए, या फिर उसे अपनी एक पहचान, अपनी इच्छाएं और अधिकार भी मिलना चाहिए? हम यह मानते हैं कि बहू का महत्व परिवार में बहुत है, लेकिन उसके ऊपर जो जिम्मेदारियों का बोझ डाला जाता है, वह वास्तव में उसे सजा से कम नहीं होता।

2. परिवार की ज़िम्मेदारी: केवल बहू के कंधों पर क्यों?

आज भी भारत में एक सामान्य धारणा यह बन चुकी है कि परिवार के सभी कामों की जिम्मेदारी बहू की ही होती है। बच्चे पालने से लेकर, सास-ससुर की देखभाल तक, घर का सारा कामकाज बहू पर छोड़ दिया जाता है। लेकिन क्या यह सही है? क्या हर परिवार के सदस्य को अपनी जिम्मेदारी नहीं निभानी चाहिए? जब बच्चे

छोटे होते हैं, तो उन्हें उनकी मां की देखभाल की जरूरत होती है, लेकिन यह काम केवल मां ही क्यों करेगी? क्या पिता को अपनी भूमिका निभाने का हक नहीं है?

यहां पर ध्यान देने वाली बात यह है कि समाज ने हमेशा से ही महिला को "घर की देखभाल करने वाली" और पुरुष को "घर का मुख्य कमाने वाला" बना दिया है। यह एक सामान्य धारणा बन गई है कि घर में हर काम का जिम्मा बहू के कंधों पर डाल दिया जाए और पुरुष अपने काम से बाहर ही अपने कर्तव्यों से मुक्त रहें। जबकि घर चलाने के लिए दोनों का योगदान जरूरी है।

3. परिवार का आंतरिक संघर्ष: क्या बदलाव संभव है?

यदि हम बात करें परिवार के आंतरिक संघर्ष की, तो यह साफ तौर पर देखा जाता है कि बहू को कभी भी समान सम्मान नहीं मिलता। वह जब भी अपने कामों को लेकर थक जाती है, या कुछ वक्त अपने लिए चाहती है, तो परिवार में कोई न कोई आलोचना करने आ जाता है। किसी न किसी बहाने उसका काम कम करके या उसकी जिम्मेदारियां बढ़ाकर उसे और अधिक काम में डाल दिया जाता है। ऐसे में बहू को यह महसूस होता है कि वह घर की लक्ष्मी नहीं, बल्कि एक कार्यकर्ता है जिसे हर स्थिति में काम करना है।

अब सवाल यह है कि आखिर क्यों इस मानसिकता को बदला नहीं जा रहा है? क्या समाज को यह नहीं समझना चाहिए कि परिवार की जिम्मेदारी केवल एक महिला की नहीं हो सकती? क्यों ना परिवार के प्रत्येक सदस्य को अपनी भूमिका निभानी चाहिए? जब पुरुषों को यह अधिकार है कि वे बाहर काम करें और घर की आर्थिक जिम्मेदारी उठाएं, तो क्या महिलाओं को यह अधिकार नहीं होना चाहिए कि वे भी घर के आंतरिक कामों में समान रूप से हिस्सेदार बनें?

4. समाज की गलत धारा: क्या बहू की "नौकरानी" भूमिका ठीक है?

समाज में यह मानसिकता बन चुकी है कि बहू को घर का काम करने की जिम्मेदारी सौंपी जाती है। लेकिन यह कैसे माना जा सकता है कि केवल महिला ही घर का सारा काम करेगी और उसे उसी रूप में स्वीकारा जाएगा? क्या कभी यह सवाल उठाया गया है कि इस मानसिकता को क्यों विकसित किया गया? बहू को "नौकरानी" समझने की धारणा वास्तव में गलत है, क्योंकि वह भी एक इंसान है, उसके भी कुछ अधिकार हैं, उसकी भी अपनी पहचान और इच्छाएं हैं।

घर में हर सदस्य को अपनी जिम्मेदारी निभानी चाहिए, लेकिन जब बात आती है बहू की, तो उसका काम कभी खत्म नहीं होता। क्या यह उचित है कि एक महिला को हमेशा घर में एक "नौकरानी" के रूप में देखा जाए? क्यों नहीं उसे "समानता" का अधिकार दिया जाए?

5. बदलाव की दिशा: महिलाएं और पुरुष समानता की ओर

अगर हम सही मायने में समाज में बदलाव चाहते हैं, तो सबसे पहले हमें इस मानसिकता को बदलने की जरूरत है कि परिवार की जिम्मेदारी केवल महिलाओं की है। घर में हर सदस्य को अपनी भूमिका निभानी चाहिए। जब महिला काम करती है, तो पुरुष को भी उसकी सहायता करनी चाहिए।

हमारे समाज को यह समझने की जरूरत है कि महिलाओं को भी अपने जीवन में स्वतंत्रता और समान अवसर मिलना चाहिए। यदि हम चाहें कि महिलाएं अपने परिवार के साथ काम करें, तो समाज को यह समझना होगा कि महिलाएं भी बाहर के कामकाजी दुनिया में समान योगदान दे सकती हैं।

बदलाव की दिशा में पहला कदम यह है कि हमें यह मान्यता देनी होगी कि "बहू" सिर्फ घर की सदस्य नहीं, बल्कि एक स्वतंत्र और सशक्त महिला है, जिसका अपना जीवन, सपना और पहचान है। उसका योगदान केवल घर तक सीमित नहीं होना चाहिए, बल्कि उसे समाज में एक समान स्थान मिलना चाहिए।

समाप्ति: एक समान और सशक्त समाज की ओर

हमारी संस्कृति में यह सोच विकसित हो चुकी है कि महिलाओं को केवल घर का काम करना चाहिए और पुरुषों को बाहर का। लेकिन यह सोच अब बदलनी चाहिए। एक समाज तब ही सशक्त हो सकता है जब हर व्यक्ति को समान अवसर और जिम्मेदारी का एहसास हो। महिलाएं घर में अपने परिवार की देखभाल करने के साथ-साथ समाज में भी महत्वपूर्ण योगदान दे सकती हैं। और यह बदलाव समाज के प्रत्येक सदस्य से, चाहे वह महिला हो या पुरुष, की मानसिकता में आएगा।

इसलिए, अगर हम एक सशक्त और समान समाज की ओर कदम बढ़ाना चाहते हैं, तो हमें सबसे पहले यह समझना होगा कि जिम्मेदारी सिर्फ एक व्यक्ति पर नहीं डाली जा सकती। हर सदस्य को अपनी भूमिका निभानी चाहिए और यह समाज की जिम्मेदारी बनती है कि वह हर व्यक्ति को समान अवसर और सम्मान दे।

अध्याय 5: दहेज - बेटी की कीमत नहीं, पिता की सज़ा

(भाग 3: दहेज, ज़िम्मेदारियाँ और असमानता - अनुमानित शब्द संख्या: ~9000)

लेखिका: सुमन मौर्य

---

1. भूमिका: बेटी होना अपराध नहीं, पर समाज ने ऐसा बना दिया है

बचपन से जब बेटी जन्म लेती है, उस क्षण से ही घर में एक अदृश्य चिंता जन्म लेती है – "शादी कैसे करेंगे?", "दहेज कैसे जुटेगा?", "लड़का अच्छा मिल जाएगा कि नहीं?", और सबसे बड़ा डर - "कहीं बेटी बोझ तो नहीं बन जाएगी?"

आज भी लाखों माता-पिता के जीवन का बड़ा हिस्सा इसी चिंता में बीत जाता है। बेटी की मुस्कान, उसकी पढ़ाई, उसकी सफलता - सब जैसे एक ही उद्देश्य से जुड़ गई हो: *शादी और दहेज*।

पर क्या यह न्याय है?

---

2. दहेज: बेटी की कीमत नहीं, बल्कि पिता की सज़ा बन गई है

भारत में दहेज प्रथा एक सामाजिक परंपरा से अधिक एक मानसिक जंजीर बन चुकी है। यह वो बोझ है जो एक पिता अपने जीवनभर की कमाई, खून-पसीने से जोड़कर उठाता है।

"बेटी की शादी करनी है, थोड़ा पैसा बचा लो।"
"अब तो लड़की बड़ी हो गई है, शादी की तैयारी शुरू करो।"
"अगर अच्छा लड़का चाहिए, तो दहेज तो देना ही होगा।"

ये संवाद नहीं, बल्कि समाज के दबाव हैं। एक पिता के जीवन की सबसे बड़ी त्रासदी बन जाता है बेटी का विवाह।

दहेज केवल शादी तक सीमित नहीं रहता। ये शादी से पहले, शादी के दौरान, और शादी के वर्षों बाद तक पिता और उसके परिवार को आर्थिक और मानसिक रूप से तोड़ता है।

- **सगाई में देना**
- **शादी में देना**
- **विदाई पर देना**
- **पहली राखी, पहला तीज, पहली होली - हर त्योहार पर देना**

यह देना कब खत्म होता है, कोई नहीं जानता।

---

3. शादी - बेटी के जीवन का मोड़ या बोझ का आरंभ?

समाज में शादी को बेटी की 'मंज़िल' कहा जाता है, लेकिन वास्तविकता में यह उसके पिता के लिए आर्थिक विनाश की शुरुआत होती है। एक लड़की के लिए जहां विवाह एक नया जीवन हो सकता है, वहीं उसके माता-पिता के लिए यह सामाजिक दिखावे, खर्चों और दहेज की होड़ बन जाता है।

दहेज की राशि केवल पैसा नहीं होती – वो टीवी, फ्रिज, बाइक, कार, फर्नीचर, गहने, कपड़े, और न जाने क्या-क्या होती है। और यह सब पिता के जीवन की कमाई का हिसाब होती है, जिसे उसने बेटी की मुस्कुराहट के लिए नहीं, समाज के डर के लिए जोड़ा होता है।

---

4. शिक्षा - अब स्वतंत्रता नहीं, दहेज का हिस्सा बन गई

बेटी की शिक्षा का उद्देश्य बदल चुका है। जहां शिक्षा उसे आत्मनिर्भर बना सकती थी, वहीं अब वह शादी की 'योग्यता' का प्रमाणपत्र बन गई है।

- **"इतनी पढ़ाई क्यों करवा रहे हो?"**
- **"शादी करनी है या अफसर बनाना है?"**

- **"लड़की ज़्यादा पढ़ जाएगी तो अच्छा रिश्ता नहीं मिलेगा।"**

ऐसे वाक्य हर माता-पिता ने कभी न कभी सुने होंगे। अफ़सोस की बात यह है कि आज भी समाज में बेटियों की शिक्षा को उनके विकास के लिए नहीं, बल्कि शादी के बाज़ार में 'दिखावे' के लिए किया जा रहा है।

एक और कड़वा सच यह है कि पढ़ाई पर जितना पैसा लगता है, उससे कहीं ज़्यादा दहेज में देना पड़ता है। इसलिए कई घरों में शिक्षा बीच में रोक दी जाती है, ताकि पैसे "दहेज के लिए" बचाए जा सकें।

---

5. समाज का दबाव: रिश्तेदारों, पड़ोसियों और बिरादरी की बेड़ियाँ

दहेज की परंपरा को जिन्दा रखने में समाज की बड़ी भूमिका है। हर कोई अपने बेटे की शादी में 'कुछ बड़ा' चाहता है, और हर लड़की की शादी में 'कुछ देना' चाहता है।

- **"फला की बेटी की शादी में इतना दिया गया था।"**
- **"तुमने बस एक बाइक दी?"**
- **"ये रिश्ता तो बड़ा अच्छा था, पर लड़के वालों को और चाहिए था।"**

रिश्तेदार, समाज, नाते-रिश्तेदार सब मिलकर एक पिता को बार-बार ये एहसास दिलाते हैं कि उसकी बेटी की कीमत तभी मानी जाएगी जब वह 'किफायती दहेज' के साथ आएगी।

और जब कोई पिता अपने सामर्थ्य से अधिक खर्च करता है, तो भी कोई धन्यवाद नहीं देता। बल्कि बात बनती है - *"बेटी की शादी में इतना लुटा दिया, अब बेटे की कैसे करेगा?"*

---

6. दहेज के बाद भी अपमान और असंतोष

सबसे बड़ा अन्याय यह है कि **दहेज देने के बाद भी बहू को मान-सम्मान नहीं मिलता।**

- अगर कुछ कम दे दिया तो *"कम दहेज लाने वाली"*
- अगर ज़्यादा दे दिया, तब भी *"बस इतना ही था?"*
- अगर बहू नौकरी करती है, तो *"इतना पढ़ाया, फिर भी घर का काम नहीं करती"*

यह सच्चाई है कि दहेज देने के बाद भी कई लड़कियों को ससुराल में ताने मिलते हैं, अत्याचार सहने पड़ते हैं, और कई बार यह शोषण आत्महत्या तक ले जाता है।

पिता की कमाई, बेटी का भविष्य, और एक परिवार की इज़्ज़त – तीनों दहेज की भेंट चढ़ जाते हैं।

---

7. समाधान: सोच बदलने का समय आ गया है

दहेज कोई परंपरा नहीं, यह एक **सामूहिक अपराध** है, जिसे पूरा समाज मिलकर निभा रहा है। अगर हम वाकई बेटियों को बराबरी का दर्जा देना चाहते हैं, तो सबसे पहले इस सोच को खत्म करना होगा कि:

- शादी पिता का "ऋण" है
- दहेज "आभार" है
- लड़की "पराया धन" है

हमें यह स्वीकार करना होगा कि बेटी किसी से कम नहीं। शादी उसके जीवन की शुरुआत है, बोझ नहीं। और दहेज कोई उपहार नहीं, बल्कि उसका आत्मसम्मान छीनने की कीमत है।

---

8. निष्कर्ष: बेटी दो, दहेज नहीं - सम्मान दो, सौदा नहीं

जब तक समाज दहेज को शादी का हिस्सा समझेगा, तब तक महिला शोषण खत्म नहीं होगा।
जब तक बेटी की शिक्षा को सिर्फ शादी की तैयारी समझा जाएगा, तब तक महिला स्वतंत्र नहीं होगी।
जब तक पिता के त्याग को बोझ समझा जाएगा, तब तक परिवार खुशहाल नहीं होगा।

अब समय है कि हम सब एक साथ मिलकर इस कुरीति के खिलाफ खड़े हों - बेटियों के साथ, उनके पिता के साथ, और उनके अधिकारों के साथ।

अध्याय 6: बहू से हर ज़िम्मेदारी की अपेक्षा – बेटा कमाने की मशीन, बहू काम की मशीन
(भाग 3: दहेज, ज़िम्मेदारियाँ और असमानता)

---

1. जिम्मेदारियाँ केवल स्त्री की क्यों?

शादी के बाद जब कोई लड़की एक नए घर में कदम रखती है, तो समाज, ससुराल और यहाँ तक कि उसके अपने माता-पिता तक यह अपेक्षा करने लगते हैं कि अब वह "उस घर की हो गई है" – और अब उसका कर्तव्य है कि वह सबकुछ संभाले।

पर क्या यह कर्तव्य उसे सम्मान के साथ मिला है, या यह महज़ एक *अनकहा आदेश* है?

घर के बेटे को कहा जाता है, **"अब घर की जिम्मेदारी संभालो – पैसा कमाओ।"**
और बहू से कहा जाता है, **"घर संभालो, बुज़ुर्गों की सेवा करो, खाना बनाओ, बच्चों की देखभाल करो – और अगर नौकरी करती हो, तो वो भी ठीक है। लेकिन घर का काम पहले।"**

ये दोहरे मापदंड हर घर में गहराई से मौजूद हैं।

---

2. बेटा: सिर्फ कमाई का साधन - भावनात्मक जिम्मेदारी से दूर

लड़कों को बचपन से सिखाया जाता है:
"बड़ा होकर घर संभालना है।"
लेकिन ये 'घर संभालना' केवल आर्थिक जिम्मेदारी तक सीमित रह गया है।

- उन्हें रसोई का काम करना नहीं आता
- बुजुर्ग माता-पिता की देखभाल भी अक्सर बहू पर टाल दी जाती है
- बच्चों के पालन-पोषण से भी उनका जुड़ाव सीमित होता है

यदि बेटा सुबह नौकरी पर जाता है, तो शाम को उसे आराम चाहिए। उसे *"थका हुआ"* माना जाता है, और घर के कामों से छूट दे दी जाती है।

---

3. बहू: नौकरी करे या नहीं - घर की ज़िम्मेदारी उसकी ही क्यों?

आज की नारी पढ़ी-लिखी है, आत्मनिर्भर है, और कई बार घर के बेटे से अधिक कमाई करती है। लेकिन जब बात घर के काम की आती है, तो ज़िम्मेदारी का संतुलन एकतरफा हो जाता है।

उम्मीदें कुछ यूँ होती हैं:

- नौकरी से लौटकर भी खाना बनाओ
- छुट्टी के दिन पूरा घर साफ करो
- बच्चों को भी पढ़ाओ
- त्योहार, रिश्तेदारी, मेहमानदारी – सब कुछ खुद संभालो
- और अगर गलती हो जाए तो... बहू की ही गलती है

यानी – घर चलाने की मशीन भी वही, कमाई करने वाली भी वही, और दोष लेने वाली भी वही।

---

4. "तुम तो बहू हो, तुम्हें सब करना चाहिए" - ये कैसी परंपरा?

कई घरों में बहू से उम्मीद की जाती है कि वह सास-ससुर की सेवा करे, पति का ख्याल रखे, और घर के हर सदस्य के अनुसार खुद को ढाले।

वहीं बेटे को 'माँ का दुलारा', 'बेटा है' जैसे शब्दों से छूट दी जाती है।

फर्क बस इतना है:

- बेटा गलती करता है तो "बच्चा है, सीख जाएगा"
- बहू गलती करती है तो "इसकी परवरिश ही ख़राब है"

क्या बहू कोई देवी है जो थकती नहीं?
क्या उसे आराम का अधिकार नहीं?

---

5. रिश्तों में असमानता की जड़ - बचपन की परवरिश

यह असमानता बचपन से शुरू होती है।

- बेटों को काम से दूर रखा जाता है, "ये लड़कों का काम नहीं" कहकर
- बेटियों को रसोई, सफाई, सेवा सिखाई जाती है, "ये ही तुम्हारे काम हैं" कहकर

जब ऐसे पले-बढ़े दो लोग विवाह करते हैं, तो अपेक्षा की जाती है कि लड़की सब जानती हो और लड़का कुछ भी न जाने तो भी चलेगा।

यही सोच शादी के बाद बहू को जिम्मेदारियों के बोझ तले दबा देती है।

---

6. समाधान - बराबरी की शुरुआत घर से

जब तक बेटा और बहू को एक बराबर नहीं समझा जाएगा, तब तक यह असमानता खत्म नहीं होगी।

- **बेटों को भी घर के काम सिखाएं**
- **बहू को 'घर की नौकर' नहीं, 'परिवार का हिस्सा' मानें**
- **काम का बँटवारा करें – क्योंकि जिम्मेदारी प्रेम से निभाई जाती है, बोझ बनाकर नहीं**

घर में सबसे पहले बदलाव माँ-बाप को लाना होगा।
बेटियों को मजबूत बनाएं, लेकिन बेटों को भी समझदार और जिम्मेदार बनाएं।

---

7. निष्कर्ष - अगर दोनों कमा रहे हैं, तो दोनों जिम्मेदार क्यों नहीं?

पति-पत्नी दोनों अगर काम कर रहे हैं, तो घर की जिम्मेदारियाँ भी साझा होनी चाहिए।
बहू से "देवी" जैसा आचरण और पति से "आराम" की अपेक्षा, रिश्तों को खोखला बना देती है।

सच्चा परिवार वही है, जहाँ हर सदस्य एक-दूसरे की मदद करता है - लिंग नहीं, इंसानियत के आधार पर।

भाग 4: परिवार व्यवस्था की सच्चाई (

अध्याय 7: बेटा-बेटी दोनों पर खर्च, सेवा कोई नहीं करता

---

1. क्या वास्तव में परिवार हमारा सहारा है?

हम भारतीय परिवार व्यवस्था पर गर्व करते हैं। कहते हैं -
"हम संयुक्त परिवार में रहते हैं, यहाँ बुज़ुर्ग अकेले नहीं होते।"
पर क्या यह सच है?

आज जिस तेज़ी से समय बदला है, उसी गति से रिश्तों की परिभाषाएँ भी बदली हैं।
माता-पिता बच्चों की परवरिश में पूरी ज़िंदगी लगा देते हैं – अच्छी शिक्षा, अच्छे संस्कार, बेहतर भविष्य देने के लिए।
लेकिन जब वही माता-पिता बुज़ुर्ग होते हैं, तो अक्सर अकेले रह जाते हैं।

बेटा-बेटी दोनों अपने जीवन में व्यस्त हो जाते हैं।
सेवा, साथ, सम्मान – ये तीनों शब्द धीरे-धीरे 'उम्मीदों' में बदल जाते हैं।

---

2. बेटा-बेटी दोनों पर बराबर खर्च - पर सेवा में पीछे क्यों?

आज के समय में एक औसत परिवार अपने दोनों बच्चों की पढ़ाई, पालन-पोषण और शादी में लाखों रुपए खर्च करता है।

- बेटों को बेहतर स्कूल
- बेटियों को भी महंगी शिक्षा
- कोचिंग, हॉस्टल, मोबाइल, गाड़ियाँ, विदेश की पढ़ाई – सबकुछ दिया जाता है

माता-पिता की सोच होती है:
"बुढ़ापे में बच्चे साथ देंगे, सेवा करेंगे, सहारा बनेंगे।"

पर ज़मीनी हकीकत यह है कि ज़्यादातर बुज़ुर्ग या तो अकेले रह रहे हैं, या उन्हें वृद्धाश्रम में रहने को मजबूर किया जा रहा है।

---

3. बेटा - परंपराओं में 'वारिस', व्यवहार में 'व्यस्त'

बेटा होने का मतलब समाज में यह माना जाता है कि वह माता-पिता की अंतिम समय में सेवा करेगा, कंधा देगा, पुश्तैनी ज़िम्मेदारी निभाएगा।

पर वास्तविकता यह है कि बेटा भी अपनी नौकरी, परिवार, बच्चों और भाग-दौड़ में इतना उलझ जाता है कि माँ-बाप केवल *वीडियो कॉल* या *फेस्टिवल विश* तक सीमित हो जाते हैं।

कई घरों में बेटे माँ-बाप को अपने पास रखने तक को तैयार नहीं होते।
कभी पत्नी के विरोध के कारण, तो कभी 'स्पेस' की कमी के कारण।

---

4. बेटी – 'विदा' कर दी गई, पर भावना से अब भी जुड़ी

बेटी को बचपन से यह सिखाया जाता है कि वह *"पराया धन"* है।
शादी के बाद वह अपने ससुराल की हो जाती है, इसलिए माँ-बाप उससे अपेक्षा नहीं करते कि वह सेवा करे या साथ रहे।
पर दिल से बेटी अक्सर ज़्यादा जुड़ी रहती है –

- माँ की बीमारी पर रोती है
- पिता की याद में रातों को जागती है
- हर परेशानी में फोन कर हालचाल पूछती है

लेकिन सामाजिक व्यवस्था ने उसे अधिकार से वंचित कर दिया है।

---

5. जब रिश्ते बन जाते हैं 'Return on Investment'

एक कठोर लेकिन सच्चा सवाल:
"क्या आज माता-पिता अपने बच्चों की परवरिश एक निवेश की तरह करते हैं?"

- बेटा पढ़कर बड़ा आदमी बनेगा, कमाएगा, माँ-बाप की देखभाल करेगा
- बेटी अच्छे घर जाएगी, सम्मान पाएगी, माता-पिता का नाम रोशन करेगी

यह सोच आज के माता-पिता के मन में बैठ चुकी है कि बच्चों पर किया गया हर खर्च एक दिन लौटकर आएगा।
लेकिन जब ऐसा नहीं होता, तब माँ-बाप टूट जाते हैं।

---

6. रिश्तों में भावना की जगह ले चुकी है अपेक्षाएँ

आज के परिवारों में जो सबसे बड़ा बदलाव आया है, वह है **भावनात्मक जुड़ाव की कमी**।
पहले बच्चे माँ-बाप से सिर्फ प्रेम करते थे – सेवा करना अपना कर्तव्य समझते थे।
अब बच्चे माँ-बाप की सेवा तभी करना चाहते हैं जब उन्होंने "हमारे लिए कितना किया" इसका हिसाब सही लगे।

रिश्तों में "लेन-देन" का गणित आ चुका है।

---

7. समाधान - अब 'Return' नहीं, 'Respect' की उम्मीद होनी चाहिए

अगर हम रिश्तों को एक लेन-देन की तरह देखना बंद कर दें,
अगर हम यह मान लें कि **बच्चे हमारी सेवा नहीं, हमारा सम्मान करें – इतना ही काफ़ी है,**
तो शायद माँ-बाप की पीड़ा कुछ कम हो सके।

व्यवहारिक कदम:

- बच्चों को आत्मनिर्भर बनाएँ, लेकिन सेवा की अपेक्षा ना रखें
- बुढ़ापे की वित्तीय योजना खुद बनाएँ
- स्वास्थ्य बीमा, पेंशन, सामाजिक दायरा - सब कुछ अपने लिए समय रहते तैयार करें
- और सबसे अहम - बेटा-बेटी दोनों को भावनात्मक जुड़ाव सिखाएँ

---

8. निष्कर्ष - सेवा की भावना ना सही, सम्मान तो मिले

आज जब हम आधुनिकता की बात करते हैं, तो परिवार की जिम्मेदारी सिर्फ महिला या पुरुष पर नहीं होनी चाहिए।
बेटा हो या बेटी – सेवा कोई मजबूरी नहीं, **संस्कार** होना चाहिए।

बच्चों को अच्छे संस्कार देने से ज़्यादा ज़रूरी है उन्हें इंसानियत और संवेदना सिखाना।
वरना लाखों की पढ़ाई, करोड़ों की संपत्ति भी आपको अकेलेपन से नहीं बचा पाएगी।

अध्याय 8: संतान की सही परिभाषा – सेवा, साथ और संवेदनशीलता
(भाग 4: परिवार व्यवस्था की सच्चाई)

---

1. भूमिका - क्या केवल जन्म देना ही पर्याप्त है?

हम जब 'संतान' शब्द सुनते हैं तो स्वाभाविक रूप से हमारे मन में वह व्यक्ति आता है जो हमारा खून है, जिसे हमने जन्म दिया, पाला-पोसा और बड़ा किया।
पर क्या संतान सिर्फ खून का रिश्ता होती है?

सच्चाई यह है कि **संतान का असली अर्थ सिर्फ जन्म से नहीं, बल्कि सेवा, साथ और संवेदनशीलता से तय होता है।**
कोई बच्चा लाखों खर्च करके भी अगर माँ-बाप के बुज़ुर्ग होने पर उन्हें अकेला छोड़ दे, तो क्या वो सच्चा पुत्र या पुत्री कहलाएगा?

---

2. जिम्मेदारी और उत्तराधिकारी में अंतर

हमारे समाज में बेटा 'वारिस' कहलाता है – ज़मीन, संपत्ति, कुल परंपरा का उत्तराधिकारी।
लेकिन क्या सिर्फ उत्तराधिकारी होना ही काफी है?

जिम्मेदारी निभाने वाला ही असली संतान होता है।

- बेटा हो या बेटी, जो अपने माता-पिता का मन और शरीर दोनों से साथ दे सके, वही सच्चा उत्तराधिकारी है।
- केवल संपत्ति लेने वाला नहीं, बल्कि भावनाओं को संभालने वाला ही संतान कहलाता है।

जिम्मेदारी केवल फिजिकल प्रजेंस या पैसा देना नहीं है, बल्कि एक मानसिक सहारा बनना है।

---

3. सेवा - केवल हाथ नहीं, दिल से निभाई जाती है

सेवा का मतलब यह नहीं कि आप हर समय माँ-बाप के पास बैठे रहें।
सेवा का अर्थ है -

- उन्हें अकेलापन न महसूस होने देना
- उनकी ज़रूरतों का ध्यान रखना
- उनके साथ समय बिताना, उन्हें सुनना, समझना
- उनकी बातों को गंभीरता से लेना

आज की व्यस्त ज़िंदगी में यह सब करना कठिन लगता है, लेकिन यही छोटी-छोटी चीज़ें माँ-बाप के लिए जीवन बन जाती हैं।

---

4. साथ - मजबूरी नहीं, भावनात्मक ज़िम्मेदारी

आज जब बुज़ुर्ग अकेले हो जाते हैं, तो अक्सर कहते हैं:
"हमने तो बच्चों को सब दिया, अब हमारे पास समय नहीं उनके पास।"

साथ देने का मतलब सिर्फ फिजिकल प्रजेंस नहीं है।
साथ का मतलब है -

- वो भरोसा कि “हम अकेले नहीं हैं”
- हर त्यौहार, हर दुःख-सुख में उनकी मौजूदगी
- यह एहसास कि “हमें भुलाया नहीं गया”

बेटा या बेटी अगर दूर रहते हुए भी ये साथ दे सकें, तो वही सच्ची संतान कहलाते हैं।

---

5. संवेदनशीलता - सबसे बड़ी कमी आज की पीढ़ी में

संवेदनशीलता का अर्थ है -

- माँ-बाप की तकलीफ को समझना
- उनके मन की चुप्पियों को सुनना
- उनके चेहरे पर बिना कहे दिख रही चिंता को पहचानना

बहुत बार माँ-बाप कुछ नहीं कहते, लेकिन उनके हाव-भाव सब कुछ कह देते हैं।
अगर संतान यह समझ पाए, तभी वह ‘सच्ची संतान’ कहलाने के योग्य है।

---

6. बेटा-बेटी नहीं, 'इंसान' बनाएं बच्चे

हमारे संस्कारों में अब भी यह धारणा है कि **"बेटा सेवा करेगा, बेटी पराई हो जाएगी।"**
लेकिन अब समय बदल रहा है –

- बेटियाँ माँ-बाप की सेवा कर रही हैं
- बेटे पलायन कर चुके हैं
- रिश्ते अब लिंग से नहीं, सोच से बनते हैं

इसलिए बच्चों को शुरू से यही सिखाएँ कि **"जो भी तुमसे प्रेम करता है, उसकी सेवा करना तुम्हारा धर्म है – चाहे वह माँ हो या सास, पिता हो या शिक्षक।"**

---

7. समाधान - भावनात्मक संतुलन की ज़रूरत

बुज़ुर्ग माता-पिता के साथ संबंधों में भावनात्मक संतुलन ज़रूरी है:

- **बच्चों को स्वतंत्रता दें, लेकिन अपनापन बनाए रखें**
- **अपेक्षाओं को सीमित करें, संबंधों को गहरा करें**
- **बातचीत में ईमानदारी और आदर हो**
- **संतान को यह न लगे कि वह सिर्फ आपकी सेवा के लिए है, बल्कि वो प्रेम से सेवा करे**

---

8. निष्कर्ष - संतान वही जो दुःख में साथ दे, और ख़ुशी में याद रखे

एक संतान वही है –

- जो अपने माता-पिता को सम्मान दे
- जो हर दूरी के बावजूद जुड़ाव बनाए रखे

- जो उनकी तकलीफों को समझे, उनके जीवन का हिस्सा बने

सच्ची संतान बनने के लिए खून का रिश्ता नहीं, दिल से रिश्ता होना ज़रूरी है।

भाग 5: समाधान – जब विदाई होगी समाप्त

अध्याय 9: अगर बेटियों की विदाई बंद हो जाए

---

1. प्रस्तावना – विदाई: परंपरा या अन्याय?

हमारी संस्कृति में बेटी की विदाई को भावनात्मक रस्म के रूप में देखा जाता है।
बचपन से पालने-पोसने के बाद, जब बेटी विदा होती है, तो माँ-बाप की आँखों में आंसू और दिल में खालीपन रह जाता है।
पर क्या कभी हमने यह सवाल उठाया है कि यह विदाई ज़रूरी क्यों है?

अगर **बेटियों की विदाई न हो**, तो क्या होगा?

यह प्रश्न जितना साधारण लगता है, उसका उत्तर उतना ही क्रांतिकारी है।
क्योंकि **बेटियों की विदाई ही हर उस परंपरा की जड़ है** जिसने सदियों से महिलाओं को कमजोर, पराया, और असहाय बनाया है।

---

2. विदाई बंद, तो दहेज बंद

सबसे पहला और बड़ा परिवर्तन होगा – **दहेज प्रथा का अंत।**

जब बेटी अपने ही घर में रहेगी,

- तो उसे "दूसरे घर भेजने" की ज़रूरत नहीं पड़ेगी
- उसके लिए दहेज जुटाने का तनाव माँ-बाप पर नहीं होगा
- उसकी शादी **समाज के दबाव में नहीं**, उसकी मर्ज़ी और ज़रूरत के अनुसार होगी

दहेज केवल इसीलिए है क्योंकि बेटी को विदा किया जाता है।

विदाई बंद = दहेज बंद।

---

3. बेटी की सुरक्षा - अब वो अपने घर में है

बेटी की सुरक्षा पर हमेशा सवाल उठते हैं –

- ससुराल सुरक्षित होगा या नहीं?
- पति समझदार होगा या नहीं?
- अत्याचार होगा तो कौन सुनेगा?

लेकिन अगर बेटी अपने ही घर में रहेगी:

- तो उसे पराया समझने वाला कोई नहीं होगा
- हर तकलीफ में माँ-बाप उसके साथ होंगे
- सुरक्षा, आत्मबल और आत्मसम्मान तीनों स्वतः बढ़ेंगे

बेटी सुरक्षित तभी मानी जा सकती है जब वह पराई नहीं कहलाए।

---

4. शिक्षा का प्रतिफल – घर के लिए

अक्सर माँ-बाप बेटी को पढ़ाते हैं, पर सोचते हैं कि "कभी तो ससुराल जाएगी।"
इसलिए शिक्षा में पूरी ऊर्जा नहीं लगाते।
या फिर पढ़ा भी दिया तो **उसका लाभ किसी और घर को चला जाता है।**

लेकिन अगर बेटी विदा न हो:

- उसकी शिक्षा का सीधा लाभ उसके अपने घर को मिलेगा
- वह घर की आर्थिक, सामाजिक और भावनात्मक मज़बूती बनेगी
- उसका ज्ञान, समझ और अनुभव घर के निर्णयों में शामिल होगा

बेटियाँ विदा न हों तो वे घर के 'कर्ताधर्ता' बन सकती हैं, केवल 'अतिथि' नहीं।

---

5. कमाई - बेटी भी बेटों की तरह जिम्मेदार

जब बेटी अपने घर में रहकर काम करेगी:

- तो वह अपनी कमाई से माँ-बाप का सहारा बनेगी
- वृद्धावस्था में साथ देगी, सेवा करेगी
- भाइयों के साथ कंधे से कंधा मिलाकर खड़ी होगी

यह सोच कि "बेटा बुज़ुर्गों का सहारा होता है" तभी तक सही है जब तक बेटी को मौका न मिले।

बेटियाँ भी कमाने में, सहारा बनने में, और जिम्मेदारी निभाने में बेटे से कम नहीं हैं – बस विदाई ने उन्हें अलग कर दिया है।

---

6. सेवा - सिर्फ बहू की जिम्मेदारी क्यों?

आज अधिकांश घरों में सास-ससुर की सेवा की उम्मीद सिर्फ बहू से होती है।
पर क्या बेटी को सेवा का अवसर नहीं मिलना चाहिए?

- जब बेटियाँ घर में रहेंगी, तो माँ-बाप की सेवा भी कर पाएंगी
- बहू पर से अत्यधिक जिम्मेदारियों का बोझ भी कम होगा
- परिवार में संतुलन बनेगा – सेवा, सम्मान और संवेदना का

अगर बहू को बहार समझा जाए और बेटी को सहारा, तो घर में सच्चा संतुलन स्थापित होगा।

---

7. पारिबारिक ढाँचा - एक नई शुरुआत

बेटी की विदाई बंद होने से परिवार में अनेक परिवर्तन होंगे:

- परिवार दो भागों में नहीं बँटेगा
- शादी किसी मजबूरी की बजाय समानता की साझेदारी होगी
- भाई-बहन में उत्तराधिकारी के रूप में फर्क नहीं रहेगा
- हर बच्चे को समान अधिकार और दायित्व मिलेगा

यह **"अपने-पराए" का विचार मिटाएगा**, और परिवार को भावनात्मक रूप से जोड़कर रखेगा।

---

8. सामाजिक बदलाव - महिला सशक्तिकरण की असली शुरुआत

बेटी की विदाई बंद करना सिर्फ एक पारिवारिक फैसला नहीं, **एक सामाजिक क्रांति** है:

- महिलाएँ अपनी पहचान और आत्मसम्मान को बचाए रखेंगी
- घर और बाहर दोनों में उनकी भागीदारी बराबर होगी
- विवाह सिर्फ 'परंपरा निभाने' की प्रक्रिया नहीं, 'सम्मान और साझेदारी' का बंधन बनेगा

महिला सशक्तिकरण का असली पहला कदम है - बेटी को उसका घर, उसका सम्मान और उसका स्थान देना।

---

९. निष्कर्ष - जब विदाई बंद होगी, तब शोषण भी बंद होगा

बेटी को विदा करने की परंपरा हजारों वर्षों से चल रही है।
पर अब समय है उसे रोकने का, तोड़ने का, और **एक नई सोच से समाज को जोड़ने का।**

- विदाई बंद
- दहेज बंद
- असुरक्षा खत्म
- बेटी का आत्मबल बढ़े
- परिवार मजबूत हो
- समाज प्रगतिशील बने

जब बेटी अपने घर में सुरक्षित, सम्मानित और स्वतंत्र होगी – तभी हम सच में कह पाएँगे कि हमने महिला शोषण का अंत किया।

अध्याय 10: नया परिवार मॉडल - समानता पर आधारित समाज की ओर

---

1. पुरानी व्यवस्था का पुनरावलोकन

हमारा पारंपरिक पारिवारिक मॉडल "बेटी विदा, बेटा वारिस" की सोच पर टिका रहा है।
इसी सोच ने महिलाओं को "पराया धन" बना दिया और पुरुषों को "कमाई की मशीन"।
पर अब समय बदल रहा है – अब ज़रूरत है **नए परिवार मॉडल** की, जहाँ लिंग नहीं, **संबंध और संवेदना** परिवार की नींव बनें।

यह अध्याय उसी भविष्य की झलक है –
जहाँ बेटी भी माता-पिता के साथ रह सकती है,
जहाँ बहू और दामाद की भूमिका परंपरा से नहीं, **इंसानियत से तय होगी**,
और जहाँ परिवार सेवा का बंधन नहीं, **प्रेम से जुड़ा रिश्ता** होगा।

---

2. बेटा या बेटी - दोनों माता-पिता के साथ क्यों नहीं?

अब वो ज़माना नहीं रहा जब बेटा ही माता-पिता की सेवा का एकमात्र उत्तराधिकारी होता था।
बेटियाँ अब:

- शिक्षित हैं
- आत्मनिर्भर हैं
- भावनात्मक रूप से अधिक जुड़ी रहती हैं
- और निर्णय लेने में सक्षम हैं

यदि बेटा अपने माता-पिता के साथ रह सकता है, तो बेटी क्यों नहीं?

अगर कोई बेटी अपने माता-पिता के बुढ़ापे का सहारा बनना चाहती है तो समाज को यह स्वीकार करना होगा।

यह नया मॉडल कहता है -

"जो माता-पिता का साथ दे, वही संतान है, चाहे वह बेटा हो या बेटी।"

---

3. बहू और दामाद की भूमिका का पुनर्निर्माण

बहू को "घर की लक्ष्मी" कहा जाता है, लेकिन व्यवहार में वह केवल जिम्मेदारियों का बोझ उठाने वाली बन जाती है।

उसे हर त्याग करना होता है – करियर, स्वतंत्रता, पहचान।

दूसरी ओर, दामाद को पूरा सम्मान, तोहफे और अहमियत दी जाती है, लेकिन उससे कोई जिम्मेदारी नहीं ली जाती।

अब समय है इस सोच को बदलने का:

दामाद की भूमिका:

- केवल "बेटी ले जाने वाला" नहीं,
- **बेटी के फैसलों और उसके माता-पिता की इज़्ज़त करने वाला** जीवनसाथी हो

बहू की भूमिका:

- केवल "सेविका" नहीं,
- **घर की साथी, निर्णयकर्ता और सम्मानित सदस्य** हो

नया परिवार मॉडल कहता है -

"रिश्ते अधिकार और जिम्मेदारी दोनों के संतुलन से चलते हैं – केवल एकतरफा बोझ से नहीं।"

---

4. घर चुनने की आज़ादी - सिर्फ बेटा क्यों रहे?

अब ज़रूरी है कि विवाह के बाद यह तय न हो कि "महिला को ही घर छोड़ना होगा।"

विवाह के बाद पति-पत्नी दोनों यह तय करें:

- कौन अपने माता-पिता के साथ रहेगा?
- या फिर दोनों अपने-अपने माता-पिता की ज़िम्मेदारी साझा करें?
- या फिर नये घर की शुरुआत करें?

यह चयन "परंपरा" नहीं, "सहमति" से हो।

---

5. बिना बंधन वाली जिम्मेदारी - सच्चे परिवार की पहचान

सच्चा परिवार वही है जो:

- सेवा को मजबूरी नहीं, **प्रेम और आदर** माने
- रिश्तों को "कर्तव्यों की लिस्ट" नहीं, **जुड़ाव की भावना** से निभाए
- बेटी को पराया न कहे
- बहू से त्याग की उम्मीद करने से पहले उसे अपनाए
- दामाद को आदर दे, लेकिन बदले में उसे ज़िम्मेदार भी बनाए

जब रिश्तों में ये संतुलन होगा, तब ही परिवार में सच्चा सुख आएगा।

---

6. समाज पर प्रभाव - मानसिक बदलाव की शुरुआत

नया परिवार मॉडल न सिर्फ घरों को, बल्कि **समाज की सोच** को भी बदलेगा:

- **दहेज समाप्त होगा**
- **बेटा-बेटी दोनों को बराबर माना जाएगा**
- **शादी सिर्फ लड़की की ज़िम्मेदारी नहीं रहेगी**
- **बुज़ुर्गों को सम्मान मिलेगा, न कि सिर्फ आश्रय की उम्मीद**

यह बदलाव धीरे-धीरे लेकिन गहराई से समाज में जड़ें जमाएगा।

---

7. निष्कर्ष - परिवार वही, सोच नई

नया परिवार मॉडल यही कहता है:
"रिश्ते खून से नहीं, ज़िम्मेदारी और संवेदनशीलता से बनते हैं।"

- अगर बेटी अपने माता-पिता के साथ रहना चाहती है, तो वह उनका गर्व है
- अगर बहू को सम्मान और अधिकार मिले, तो वह सेवा भी प्रेम से करेगी
- अगर दामाद को ज़िम्मेदारी का एहसास हो, तो बेटी कभी असहाय नहीं रहेगी
- और अगर बेटे-बेटियाँ दोनों समान रूप से साथ निभाएं, तो परिवार फिर से मजबूत होंगे

जब हम "विदाई" नहीं, "बराबरी" पर विश्वास करेंगे, तभी एक नए युग की शुरुआत होगी।

भाग 6: नया युग - सशक्त समाज की ओर

अध्याय 11: महिला शोषण का अंत कैसे संभव है?

---

1. शोषण का सच और समाधान की तलाश

महिलाओं के शोषण की चर्चा हम सदियों से करते आ रहे हैं।
बात चाहे दहेज की हो, अधिकारों की, स्वतंत्रता की या पहचान की – समस्या का केंद्र हर बार "परंपरा" बनती है।
पर क्या परंपरा इतनी मजबूत है कि हम उसे बदल नहीं सकते?

इस अध्याय का उद्देश्य है उस सबसे बड़े मूल कारण की पहचान करना और उस पर ठोस हल प्रस्तुत करना।
और वो कारण है – **बेटियों की विदाई।**

---

2. बेटी की विदाई = महिला का विस्थापन

हमारे समाज में बेटी को जन्म के साथ ही "पराया धन" कह दिया जाता है।
उसकी परवरिश में भी यह सिखाया जाता है कि "एक दिन उसे जाना है"।

इस एक सोच से ही शुरू होता है:

- दहेज की परंपरा
- बेटी को "लगभग मेहमान" समझना
- शिक्षा में कम निवेश

- करियर में सीमितता
- और सबसे बड़ा – **स्वयं की पहचान खो देना**

विदाई सिर्फ घर से नहीं होती,
बल्कि बेटी की आज़ादी, आत्मसम्मान और अधिकारों की भी विदाई होती है।

---

3. अगर बेटियों की विदाई रोक दी जाए तो...?

कल्पना कीजिए:

- बेटी अपने माता-पिता के साथ रहे
- शादी के बाद भी उसका घर वही रहे
- वह अपने माँ-बाप की सेवा, देखभाल और अधिकार में बराबर हो
- उसे अपनी कमाई, शिक्षा और निर्णयों का उपयोग खुद के घर के लिए करने को मिले

परिणाम क्या होंगे?

- **दहेज बंद** होगा
- **माँ-बाप के प्रति उत्तरदायित्व बेटियों में भी बराबर होगा**
- **महिला को पराया नहीं, परिवार का केंद्र माना जाएगा**
- **करियर और आत्मनिर्भरता को बढ़ावा मिलेगा**
- शादी एक समझौता नहीं, साझेदारी बनेगी

यह एक बदलाव नहीं, एक युग परिवर्तन होगा।

---

4. जिम्मेदारी आधारित उत्तराधिकार - नया दृष्टिकोण

आज भी हमारे यहाँ संपत्ति और अधिकारों में बेटियों की भागीदारी को या तो टाल दिया जाता है, या नकार दिया जाता है।

कारण क्या है?
क्योंकि समाज मानता है कि बेटी तो पराया घर चली जाती है, इसलिए वो उत्तराधिकारी नहीं।

लेकिन अगर बेटी विदा ही न हो?

- तो वह परिवार की ज़िम्मेदारियों में सहभागी होगी
- संपत्ति की देखभाल, सेवा, निर्णयों में हिस्सेदार बनेगी
- और सबसे बड़ी बात – **बेटियों में भी परिवार को संभालने की भावना जन्म लेगी**

उत्तराधिकारी वही होना चाहिए जो ज़िम्मेदारी निभाए – चाहे वह बेटा हो या बेटी।

---

5. "Do Your Part" - बेटा हो या बेटी, बराबर जिम्मेदार

अब समय है कि हम अपने बच्चों को बचपन से यह सीख दें:

"जो परिवार से लेता है, उसे परिवार को देना भी होगा।"

- बेटा हो या बेटी, दोनों को घर की सेवा, सहयोग, भावनात्मक देखभाल, और बुज़ुर्गों की ज़िम्मेदारी सिखानी चाहिए
- काम को लिंग आधारित नहीं, **योग्यता और सहमति** आधारित बांटना चाहिए

- एक इंसान होने के नाते, हर संतान की जिम्मेदारी है कि वह अपने माता-पिता, अपने घर और समाज के प्रति सजग रहे

बराबरी का मतलब है - बराबर कर्तव्य, बराबर अधिकार।

---

6. परिवर्तन के लिए जरूरी कदम

महिला शोषण का अंत केवल नारों से नहीं, **नीति और परंपरा के बदलाव** से संभव है:

1. **बेटियों की विदाई की सामाजिक परंपरा को चुनौती दें**
2. **बेटियों को संपत्ति में बराबर हिस्सा और ज़िम्मेदारी दें**
3. **बहू को भी बेटी जैसा मानें, लेकिन सिर्फ त्याग के लिए नहीं – बराबरी के लिए**
4. **बेटे और बेटी दोनों को बचपन से घर के काम, बुज़ुर्ग सेवा और निर्णयों में सहभागी बनाएं**
5. **शादी को दो इंसानों की साझेदारी समझें, न कि एक पक्ष का त्याग**

---

7. निष्कर्ष - नया युग तभी आएगा जब सोच बदलेगी

महिला शोषण की जड़ें हमारे परिवार और संस्कृति के सबसे भीतर बैठी हैं।
लेकिन समाधान भी वहीं छिपा है –
सोच में बदलाव,
परंपराओं की पुनर्व्याख्या,
और हर व्यक्ति को जिम्मेदार बनाने की शिक्षा।

जब बेटी को पराया नहीं माना जाएगा,
जब बहू को सेवा नहीं, सम्मान मिलेगा,

जब बेटा विशेषाधिकार नहीं, कर्तव्य समझेगा –

तब यह देश, यह समाज सशक्त बनेगा।

अध्याय 12: समाज, सरकार और शिक्षा की भूमिका

---

1. बदलाव सिर्फ घर से नहीं, पूरे तंत्र से चाहिए

महिला शोषण की जड़ें जितनी पारिवारिक सोच में हैं, उतनी ही गहरी यह **समाज, सरकार, शिक्षा और मीडिया** में भी बैठी हैं।
अगर हमें सच में इस समस्या का स्थायी समाधान चाहिए, तो सिर्फ बेटियों की विदाई रोकना काफी नहीं, **बल्कि पूरा सामाजिक तंत्र बदलना होगा।**

यह अध्याय इसी सामूहिक बदलाव की बात करता है, जहाँ–

- स्कूलों में **समानता की शिक्षा**,
- विवाह प्रणाली में **वैकल्पिक सोच**,
- और मीडिया व नीति-निर्माताओं की **ज़िम्मेदारी** प्रमुख होगी।

---

2. स्कूलों में लैंगिक समानता की शिक्षा - परिवर्तन की शुरुआत वहीं से

बच्चों की सोच सबसे पहले बनती है **घर और स्कूल** में।
यदि स्कूल ही सिखाएंगे कि–

- लड़कियाँ कमजोर नहीं होतीं

- घर के काम सिर्फ महिलाओं का काम नहीं
- बेटा-बेटी दोनों बराबर हैं
- बहू को सेवा नहीं, सम्मान चाहिए

तो वही बच्चे बड़े होकर **संतुलित, संवेदनशील और समानतावादी नागरिक** बनेंगे।

क्या किया जाना चाहिए?

- स्कूलों के पाठ्यक्रम में **लैंगिक समानता** पर आधारित विषय अनिवार्य हो
- **प्रैक्टिकल सेशन** हों जहाँ लड़के-लड़कियाँ समान रूप से भाग लें: खाना बनाना, बजट बनाना, घर संभालना आदि
- शिक्षकों को **संवेदनशीलता की ट्रेनिंग** दी जाए

एक नई सोच स्कूल से ही पनपेगी।

---

3. विवाह प्रणाली में वैकल्पिक सोच – "विदाई" नहीं, "विकल्प"

विवाह एक समझौता नहीं, साझेदारी है।
फिर क्यों शादी के बाद हर बार **सिर्फ लड़की को ही घर छोड़ना पड़ता है**?

अब समय है कि हम विवाह को नए दृष्टिकोण से देखें:

- **पति-पत्नी मिलकर तय करें** कि वे कहाँ रहेंगे
- **ससुराल का एकतरफा दबाव समाप्त हो**
- बेटी अपने माता-पिता के साथ भी रह सकती है

- **दोनों परिवारों की जिम्मेदारी बाँटी जाए**, न कि एक पक्ष को सौंप दी जाए

बदलाव का मतलब केवल कपड़े पहनने की आज़ादी नहीं,
बल्कि जीवन के हर फैसले में बराबरी का अधिकार होना चाहिए।

---

4. मीडिया, सिनेमा और नीतियों की ज़िम्मेदारी - सोच बनाने वाले स्तंभ

आज समाज की सोच पर सबसे गहरा असर डालते हैं–

- **टीवी शो**
- **फिल्में**
- **सोशल मीडिया**
- और **सरकारी नीतियाँ**

जब सास-बहू के झगड़े, आदर्श बहू का त्याग, और बहु के संघर्ष को **गौरव की तरह** दिखाया जाता है,
तो नई पीढ़ी यही मानने लगती है कि **महिला होना = त्याग करना**।

मीडिया को क्या करना चाहिए?

- ऐसे पात्र रचें जो **महिला को स्वाभिमान और निर्णय की शक्ति** के साथ दिखाएँ
- शादी को **दो बराबर लोगों की साझेदारी** के रूप में प्रस्तुत करें
- बहू और बेटी दोनों को **संवेदनशील, मजबूत और समर्थ पात्र** के रूप में पेश करें

नीति-निर्माताओं को क्या करना चाहिए?

- **बेटियों की विदाई** को सामाजिक विकल्प बनाया जाए, अनिवार्यता नहीं
- **दहेज निवारण** और **सम्पत्ति में बराबरी** के कानून को कड़ाई से लागू किया जाए
- कामकाजी महिलाओं के लिए **सुरक्षित और सहयोगी माहौल** सुनिश्चित किया जाए
- लड़कों के लिए भी **पेरेंटल लिव, घरेलू शिक्षा, और देखभाल** को प्रोत्साहित किया जाए

---

5. निष्कर्ष - जब तंत्र साथ देगा, तभी बदलाव स्थायी होगा

एक महिला का शोषण तब तक नहीं रुक सकता जब तक–

- समाज उसे बराबरी से न देखे
- सरकार उसे सिर्फ "आरक्षण" नहीं, **सम्मान** दे
- स्कूल उसे **संवेदना और शक्ति** से न भर दें
- और मीडिया उसे **आदर्श बहू** नहीं, **स्वतंत्र महिला** के रूप में न दिखाए

यह बदलाव अकेली महिला नहीं ला सकती,
यह जिम्मेदारी हम सबकी है – शिक्षक, नेता, लेखक, अभिभावक, और आप और हम सबकी।

अंतिम संदेश:

"बेटी को समझिए, बेटी को अपनाइए - विदाई नहीं, साथ दीजिए।"
"महिला शोषण का अंत वहीं से शुरु होता है जहां से विदाई रुकती है।"

हमारी परंपराओं और सांस्कृतिक धारा में कई सारी सोचें जुड़ी हैं, जिनका सीधा प्रभाव महिलाओं पर पड़ता है। लेकिन जब हम विदाई की परंपरा को देखेंगे, तो यही प्रतीत होगा कि यह न सिर्फ सामाजिक

असमानता का प्रतीक है, बल्कि इसे मानसिक और भावनात्मक शोषण का आधार भी माना जा सकता है।

जब हम बेटी को विदा करते हैं, तो हम न केवल उसे पारिवारिक रिश्तों से अलग करते हैं, बल्कि उसकी स्वतंत्रता, उसकी क्षमता, और उसका आत्मविश्वास भी कम कर देते हैं। उसे यह समझने का मौका ही नहीं मिलता कि वह भी समाज का उतना ही अहम हिस्सा है जितना बेटा।

इसलिए यह अत्यंत महत्वपूर्ण है कि हम विदाई की परंपरा को समाप्त करें और उसे एक ऐसी समानता की दिशा में कदम बढ़ाएं, जहाँ बेटी को घर की लक्ष्मी मानकर सम्मान दिया जाए, न कि किसी बोझ के रूप में देखा जाए।

महिला शोषण का अंत उस क्षण से शुरू होता है जब हम समाज और परिवार की सोच में बदलाव लाते हैं। जब बेटियों को सिर्फ किसी घर की सदस्या के रूप में नहीं, बल्कि एक स्वतंत्र, सक्षम और सम्मानित सदस्य के रूप में देखा जाएगा। जब हम अपने बच्चों की परवरिश इस रूप में करेंगे कि उन्हें यह एहसास हो कि समानता का मतलब सिर्फ लिंग से नहीं, बल्कि जिम्मेदारी और अधिकारों से है।

अब समय आ गया है कि हम महिला शोषण को केवल एक समस्या न मानें, बल्कि इसे समाज की मानसिकता के रूप में पहचानें और इसका समाधान एक सामूहिक सोच से करें।
यही असली बदलाव होगा - जब बेटियों की विदाई नहीं, बल्कि समानता और सम्मान मिलेगा। तभी हम कह सकते हैं कि महिला शोषण का अंत हो चुका है, और एक नया समाज, एक नया युग, सशक्त समाज की ओर बढ़ रहा है।

यह संदेश न केवल महिलाओं के अधिकारों के प्रति हमारी जिम्मेदारी को दर्शाता है, बल्कि पूरे समाज की जागरूकता और बदलाव की दिशा को भी प्रेरित करता है।